안다옹 박사의 과학 탐험대 ①

위 어린이를 탐험대원으로
임명합니다.

### 도미니크 월리먼 글

영국 버밍엄대학교에서 양자 물리학 전공으로 박사 학위를 받았으며, 여러 해 동안 양자 컴퓨터 분야에서 일했습니다. 전 세계 18개국의 언어로 번역 출간된 〈안다옹 박사의 과학 탐험대〉 시리즈를 썼고, 유튜브 채널 '과학의 영역(Domain of Science)'을 운영하며 30만 명이 넘는 구독자를 과학의 세계로 이끌고 있습니다. 지금은 캐나다 밴쿠버에서 살고 있습니다.

### 벤 뉴먼 그림

영국 방송국 BBC와 미국 일간지 〈뉴욕 타임스〉를 비롯한 여러 매체에 그림 작업을 한 일러스트레이터입니다. 〈안다옹 박사의 과학 탐험대〉 시리즈에 그림을 그렸고, 그림책 《우우!》를 쓰고 그렸습니다. 지금은 영국 헤이스팅스에 살고 있습니다.

### 유윤한 옮김

이화여자대학교 과학 교육과를 졸업한 뒤 다양한 과학책을 우리말로 옮기거나 쓰고 있습니다. 옮긴 책으로 《과학의 위대한 순간들》, 《마빈의 인체 탐험》, 《수학의 구조 대사전》, 《생활에서 발견한 과학55》, 《카카오가 세상을 바꿨다고?》, 《외계인 사냥꾼을 위한 친절한 안내서》 들이 있고, 쓴 책으로 《궁금했어, 우주》가 있습니다. 유튜브 채널 '책 읽는 숲'에서 여러 책을 소개하고 있습니다.

안다옹 박사의 과학 탐험대 ①

# 가자! 태양계

도미니크 윌리먼 글 ● 벤 뉴먼 그림 ● 유윤한 옮김

덱스터, 윌프레드, 새디에게.
-벤 뉴먼

생각곰곰 02
안다옹 박사의 과학 탐험대 ①
## 가자! 태양계

글 도미니크 윌리먼 | 그림 벤 뉴먼 | 옮김 유윤한

초판 1쇄 발행 2019년 3월 20일 | 초판 2쇄 발행 2023년 12월 19일 | ISBN 979-11-5836-137-2, 979-11-5836-120-4(세트)

펴낸이 임선희 | 펴낸곳 ㈜책읽는곰 | 출판등록 제2017-000301호 | 주소 서울 마포구 성지길 48 | 전화 02-332-2672~3
팩스 02-338-2672 | 홈페이지 www.bearbooks.co.kr | 전자우편 bear@bearbooks.co.kr | SNS Instagram@bearbooks_publishers
만든이 우지영, 우진영, 김선현, 최아라, 박혜진, 홍은채 | 꾸민이 김지은, 김아미, 김세희, 이설 | 가꾸는이 정승호, 고성림, 배현석, 민유리,
김수진, 백경희 | 함께하는 곳 이피에스, 두성피앤엘, 월드페이퍼, 해인문화사, 으뜸래핑, 도서유통 천리마

이 도서의 국립중앙도서관 출판예정도서목록(CIP)은 서지정보유통지원시스템 홈페이지(http://seoji.nl.go.kr)와
국가자료공동목록시스템(http://www.nl.go.kr/kolisnet)에서 이용하실 수 있습니다.(CIP제어번호: CIP2019006694)

ⓒ Originally published in the English language as Professor Astro Cat's Solar System ⓒ Flying Eye Books 2017/
Korean translation is published by Bear Books Inc. through JM Contents Agency Co., Seoul.
All rights reserved.

이 책의 한국어판 저작권은 JM 콘텐츠 에이전시를 통해 저작권자와 독점 계약한 ㈜책읽는곰에 있습니다.
이 책은 저작권법에 따라 보호받는 저작물이므로 무단 전재와 복제를 금합니다.

이 책 내용의 전부 또는 일부를 사용하시려면 반드시 저작권자와 출판사의 동의를 얻어야 합니다.

안다옹 박사의 과학 탐험대 ①

# 가자! 태양계

도미니크 윌리먼 글 ◈ 벤 뉴먼 그림 ◈ 유윤한 옮김

# 태양

모두 선글라스를 써!
태양을 맨눈으로 바라보면 안 돼.
태양이 내쏘는 빛이 너무 밝아서 눈이 상할 수 있거든.

우리는 날마다 태양이 하늘 위로 떠올랐다 사라지는 모습을 봐. 하지만 실제로 태양이 움직이는 건 아니야. 사실은 지구가 하루에 한 바퀴씩 빙글빙글 돌고 있는 거란다.

태양은 거대한 불덩이야.
지구의 모든 생물이 살아가는 데 필요한 빛과 열을 주지.
여기는 너무 덥다! 이번에는 수성으로 가 볼까?

# 수성

수성은 태양과 가장 가까운 행성이야. 그리고 태양계에서 가장 작은 행성이기도 하지.

수성에는 **대기**가 없어. 수성으로 날아드는 소행성이나 혜성을 막아 낼 공기층이 없다는 뜻이지. 그래서 표면이 온통 움푹 파인 구덩이, **크레이터**로 뒤덮여 있단다.

# 지구

아, 내가 가장 좋아하는 행성 지구야!
동물과 식물이 살아가는 데는 물이 꼭 필요해. 그런데 지구는 태양과 딱 알맞게 떨어져 있어서 물이 액체 상태로 있을 수 있어.

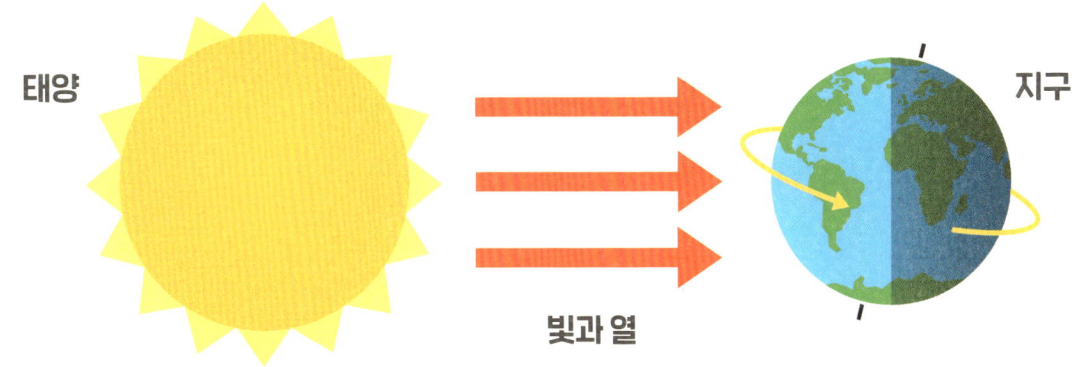

지구의 반쪽이 태양을 마주하고 있을 때, 그곳은 낮이야.
태양을 등지고 있는 나머지 반쪽은 밤이고.
낮과 밤을 합친 하루가 24시간인 건,
지구가 한 번 **자전**하는 데 24시간이 걸리기 때문이란다.

태양    빛과 열    지구

달은 우주에서 지구와 가장 가까운 이웃이야.
달이 지구 둘레를 한 바퀴 도는 데는 한 달쯤이 걸리지.

# 화성

붉은색이 보여? 그렇다면 화성에 온 게 틀림없어!
화성은 사막처럼 메마른 행성이야.
화성이 붉은색을 띠는 건 바위와 흙이 모두 붉기 때문이지.

화성 표면에는 한때 물이 흘렀던 흔적이 남아 있어.
이 흔적들 때문에 과학자들은 화성에 생명체가 살았을지도 모른다고 생각해.

# 목성

휴, 드디어 소행성대를 빠져나왔어!
태양계의 나머지 네 행성은 거의 기체로 이루어져 있어서 착륙할 곳이 없어.
자칫 착륙했다가는 아래로 푹 꺼지고 말 거야.

맞아, 게다가 목성은 너무 커서 멀찍이 떨어져서 보는 게 훨씬 나아.
자, 이게 바로 태양계에서 가장 큰 행성 목성이란다.

목성은 60개가 넘는 위성을 거느리고 있어. 얼음으로 뒤덮인 위성 유로파도 그중 하나야. 유로파는 태양계에서 **외계 생명체**가 살고 있을 가능성이 가장 높은 곳이지.

토성은 지구에서 망원경 없이 볼 수 있는 행성 중 가장 멀리 있어.

그거 아니? 토성은 지구보다 아홉 배나 큰 행성이야.
그런데도 물에 넣으면 둥둥 뜰 정도로 가볍단다.

# 천왕성

천왕성은 태양계에서 하나밖에 없는, 옆으로 누운 채 자전하는 행성이야. 수십억 년 전, 무언가가 날아와 부딪치면서 쓰러진 게 틀림없어.

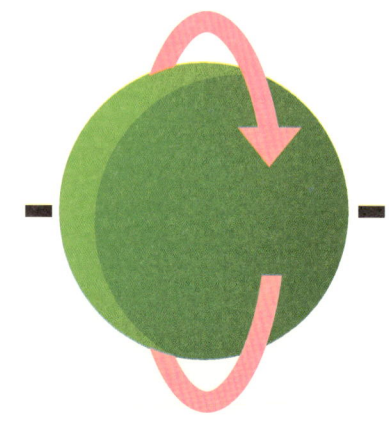

# 해왕성

탐험대원 친구들, 드디어 마지막 행성이야.
여기는 태양과 가장 멀리 떨어져 있는 행성 해왕성이란다.
해왕성이 태양 둘레를 한 바퀴 도는 데 걸리는 시간은 자그마치 165년이야.

해왕성은 영어로 '넵튠'이라고 해.
로마 신화 속 바다의 신 '넵투누스'에서 따온 이름이지.
해왕성은 아름다운 푸른빛을 띠는데,
그 모습을 보면 바다가 떠오르거든.

해왕성 표면에는 태양계에서
가장 빠른 바람이 불곤 해.

# 태양계와 그 너머

멋진 탐험이었어!
이제 지구로 돌아왔으니, 지구에서 행성과 항성을 관측하는 법을 알아볼까?
사실 우리가 우주에 대해 알아낸 사실은 대부분 천체 망원경으로 관측한 것들이야.
천체 망원경을 이용하면 아주 멀리까지 볼 수 있거든.

허블 우주 망원경은 가장 유명한 천체 망원경 중 하나야. **우주 망원경**을 이용하면 먼 우주의 깊은 곳까지 관측할 수 있지.

힘내, 탐험대원 친구들! 새로운 지식이 친구들을 기다리고 있어!

# 낱말 풀이

**대기** 담요를 덮듯이 행성을 에워싸고 있는 여러 기체.

**메신저호** 수성을 관찰하기 위해 나사(미국 항공 우주국, NASA)가 2004년에 쏘아 올린 무인 우주 탐사선.

**무인 우주 탐사선** 우주와 여러 행성들을 살피고 조사하는 우주선. 지구에 있는 컴퓨터로 조종한다. 우주 비행사가 지구와 우주 공간 사이를 오가는 여행을 할 때는 우주 왕복선을 이용한다.

**산성비** 대기 중의 산성 성분이 녹아 있는 비.

**소행성대** 태양계에 속한 천체 중에서 행성보다 크기가 작은 것을 소행성이라 한다. 화성과 목성 사이에 소행성들이 띠를 이루며 떠다니는 구역이 있는데, 이곳을 소행성대라 한다.

**외계 생명체** 지구 이외의 천체에 사는 생명체를 가리키는 말. 아직은 외계 생명체가 있다는 증거를 찾지 못했다.

**우주 망원경**  천체 망원경 중에서도 우주 공간에 띄워 둔 망원경을 말한다. 망원경을 우주에 설치하면 지구 날씨의 영향을 받지 않고 더 먼 우주까지 관찰할 수 있다.

**위성**  행성 둘레로 궤도를 그리며 도는 둥근 공 모양의 천체.

**자전**  천체가 자신의 회전축을 중심으로 스스로 빙글빙글 도는 운동. 천체가 다른 천체의 둘레를 일정한 주기로 도는 운동은 공전이라 한다.

**크레이터**  행성이나 위성 표면에 커다란 물체가 부딪혀 만들어진 움푹 파인 구덩이.

**항성**  스스로 빛을 내는 별. 늘 같은 자리에 있는 것처럼 보여서 '붙박이별'이라고도 부른다. 태양은 대표적인 항성이다.

**행성**  커다란 암석이나 가스로 이루어져 항성 둘레를 도는 천체. 행성은 스스로 빛을 내지 못해 항성이 비추는 빛을 받아 빛난다.

**행성 궤도**  행성이 항성 둘레를 돌며 그리는 길.